QUIRIT

Spaß in der Ehe!

achter
bahn
AG

Die Deutsche Bibliothek - CIP-Einheitsaufnahme

Quirit:
Spaß in der Ehe!
/ Quirit. - 3. Aufl. - Kiel:
Achterbahn AG, 1998
ISBN 3-89719-152-0

Achterbahn AG
Werftbahnstraße 8
24143 Kiel
http://www.werner.de

Gesamtherstellung
Nieswand Druck GmbH, Kiel

3. Aufl. 1998
ISBN 3-89719-152-0

© Achterbahn AG, alle Rechte beim Autor

Verheiratet sein ist…
14,80 DM
44 Seiten, farbig,
ISBN 3-89719-151-2

Spaß in der Ehe!
14,80 DM
44 Seiten, farbig,
ISBN 3-89719-152-0

Es muß nicht immer Sex sein!
14,80 DM
44 Seiten, farbig,
ISBN 3-89719-153-9

Achselschweiß und Sonnenstich!
14,80 DM
44 Seiten, farbig,
ISBN 3-89719-154-7